www.ingramcontent.com/pod-product-compliance
Lightning Source LLC
La Vergne TN
LVHW010456160826
845677LV00012B/2509
* 9 7 8 9 7 7 8 6 7 5 9 7 9 *

سطور من داخلنا

اسم الكتاب: سطور من داخلنا

نوع الكتاب: خواطر

تأليف: مجموعة مؤلفين

تصميم الغلاف: خلود حسن

التصحيح اللغوي: رحاب أحمد

التنسيق الداخلي: نورا سليمان سيد

رقم الإيداع: 2023/29417

الترقيم الدولي I. S. B. N : 978-977-86759-7-9

جمهورية مصر العربية- القاهرة

مدير النشر: أحمد مكي جهاد محمود

01142340175.01208209008

Ahmedmakay79@gmail.com

سطور من داخلنا

أساليب التفكير

التفكير غير السليم يتجلى غالبًا كنوعٍ من الحديث السلبي، والحدود الداخلية التي نفرضها على أنفسنا؛ فهذه الأفكار المُنتشرة يمكن أن تشوه تصورنا عن أنفسنا، وتنخر ثقتنا، وتعرقل قدرتنا على تحقيق طموحاتنا، والخروج من قيود الحديث السلبي يتطلب التحدي لهذه السرديات المشوهة، واعتماد الرحمة الذاتية والتمكين.

لِـ أحلام سامح "جوهرة الألم".

التفكير الغير سليم

التفكير غير السليم غالبًا ما يقنعنا بمطلقيه يقيننا، ووجهات نظرنا؛ فنصبح متشددين في أنماط التفكير الصلبة، مغلقين على المعلومات الجديدة ووجهات النظر البديلة، وهمُّ اليقين يحجب عنا ثراء وجهات النظر المتنوعة، ويعيق قدرتنا على النمو والتعلم.

لِـ أحلام سامح "جوهرة الألم".

الظلم الاجتماعي

لماذا يتعرض الكثير من الناس إلى الظلم الاجتماعي؟

لا يوجد من لم يتعرض إلى الظلم؛ فالظلم مع جميع الناس، لكن يوجد ظلم في مجتمعنا هذا، فالنساء لماذا لا يعملون في بعض المجتمعات العربية، والأطفال لماذا يعملون في صغرهم؟

الرجال لماذا يتحملون كل شيءٍ، أجميع هذا لا يعبر عن الظلم؟!

لـِ أحلام سامح "جوهرة الألم".

أراك

أراك الآن وسط الزحام، أراك لأنك حبيبي، حبيبي الأول، ولا أصدق أن أراك بعد سنوات، سنواتٌ لا أعلم بها شيء، لا أعلم أين أنت ولا أين أنا، وأجلس بمفردي لا حول لي ولا قوة، لا أجد ما أقول، التقينا في المكان ذاته، أول مكانٍ رأتك عيناي فيه ونعم الصدف، أتمنى فقط أن أظل أنظر إليك دون أن أذهب أو تذهب، فقط سوانا تحت الأمطار؛ فأنا بعيونك قد فتنت حقًا، وأحبك من أعماق قلبي.

لـ أحلام سامح "جوهرة الألم".

قوة المشاعر والعواطف

الحزن يشبه أحيانًا بحرًا هائجًا يبتلعنا بموجاته الهادرة وعمقه اللامتناهي، يمكن أن يكون التغلب على قوة هذه المشاعر والعواطف التي تطفو في عواطفنا ليس سهلًا، ولكن مع الصبر والوقت يمكننا العثور على طرقٍ للعوم في هذا البحر، والصعود إلى ساحات اليابسة مجددًا.

لِـ أحلام سامح "جوهرة الالم".

البكاء حزنًا

كم مرةٍ بكيت حزنًا؟

إذا أجبت عن نفسي سأقول عددًا لا يخطر على البال، لكن الحزن أصبح شيئًا عاديًا؛ فكل الناس تحزن إلا أنا أحزن و أبكي، وأريد البوح لكنني لا أقدر، ولماذا؟

لا أعرف إجابتي، فلا تجيبني.

لِـ أحلام سامح "جوهرة الالم".

الحزن فرصة

الفراق والوداع قد يكونان من أصعب مشاهد الحياة التي نواجهها؛ فإنهما يثيران مشاعر الحزن العميقة، والشوق لأشخاصٍ كانوا جزءًا من حياتنا، ومع ذلك يمكن أن يعطينا هذا الحزن الفرصة لتقدير التواجد السابق لهؤلاء الأشخاص في حياتنا، وتعزيز الذكريات الجميلة التي تركوها.

لِـ أحلام سامح "جوهرة الالم".

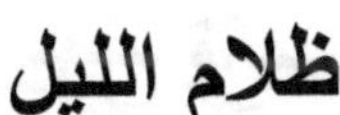

ظلام الليل

الظلام شيئًا خطيرًا، والبقاء ليلًا بمفردك شيئًا جميلًا، لكنه يصبك بأمراضٍ خطيرة، و أنا لا أهتم بذلك، لكني لديَّ سؤال ولديَّ جواب، لماذا نحب الظلام؟

الظلام: يعني الاسترخاء والراحة التامة، وجميعنا نعشق الهدوء والراحة والليل، والظلام يعد مفهوم الراحة والهدوء.

لِـ أحلام سامح "جوهرة الالم".

الكتمان وتجميع الأفكار

حين يبدأ الإنسان في الكتمان تتلاشى أفكاره، ويبدأ في الانهيار والابتعاد؛ حتى لا يفسد كل شيءٍ.

لِـ أحلام سامح "جوهرة الالم".

****

إلى متى سأظل أُعاني!

في هذا العالم أحمل الوجع بمفردي، أحمل الأثقال على عاتقي، الحزن يتدفق بداخلي ببطءٍ، يأكل جميع الأشياء السعيدة في حياتي كأنه مرضٌ خبيثٌ يتسلل في داخلي، ومع كل هذا لا أتوقف عن التفكير في المستقبل، ولكن لا أعلم إلى متى سأظل أعاني من كل هذا!

لِـ أحلام سامح "جوهرة الالم".

انتظار العوض

أقف في ليلةٍ مُدْلهِمّةٍ عند نفس المكان، في منتصف الطريق لا أرى أمامي، انتظر ذلك الضوء لينير طريقي ويساعدني، كل شيءٍ يحدث في عقلي يؤلمني من ذكرياتٍ كادت أن تكون سبب سعادتي يومًا، لكن أين مسبب تلك الذكريات الآن، ألم يخبروني أن هناك شخصًا سيعوضني ويجعلني أنسى ما مضى؟

سيجعلني أشعر أنني فراشةٌ في جنته، ويخرج أجنحتي من كبد معاناتي، فأين هو؟

التفتُ بظهري لأعود لظلام غرفتي، لكنني التفتتُ بسرعةٍ عندما شعرتُ بضوءٍ من خلفي؛ فوضعت يداي على عيني لأحميها، وإذا بي أطيرفي الهواء بسبب اصطدام السيارة في جسدي.

لـ نجاة إسلام.

لا أحدٌ سواي

أنظرفي المرآة، أحاول إيجاد نفسي القديمة، هل هذا انعكاسي حقًا؟

أنظر لملامحي المبتهجة التي طالما أخبروني عنها، لكني لا أبصر غيركدماتٍ وجروحٍ، وحثت عن وصفهم لم أجده ولم أجدهم، لا أجد غيرمواساة نفسي وتربيتي على كتفي، لا يوجد من يربت بدلًا عني ويريح الثقل عن كاهلي، أن يخبرني أنني سأكون بخيرٍ، وأنه سيكون داعمًا لي، لم أبصرغيريدي، لكني أراني رغم هذا قوية، وماذا إن كنت؟

حتى وإن تظاهر المرء بالقوة لابد له من شخصٍ يدعمه ويقويه!

يجعله قويًا دون تظاهر، أين أجده؟

لذلك الحين سأضع جبهتي على المرآة أوازي انعكاسي وأواسيه.

لـِ نجاة إسلام.

نسمة أغسطس

لقد أتت، أتتني مثل النسمة الباردة بعد يومٍ حارقٍ في أغسطس، أتت لتبدل حياتي الذابلة بأخرى ناضرةً زاهيةً تنبض بالحياة، لكن مع ذلك تلك الذابلة تحوم حولي كالذباب تريد أن تعكر صفو حياتي و إفسادها، أحارب لكي أظل جيدةً وسعيدةً، لكن لا شيئًا يساعد حربي ضد نفسي السابقة؛ فإنها فاسدةً تخبرني أن لا محال، وأن خسارتي ستكون فادحة!

لكن هنالك جزءًا من روحي أيقظته هي، لا يريد ويأبي باغضًا للخسارة في معركة حياتي، إن ضعفي يجثم على قلبي المهترئ.

لـ نجاة إسلام.

ما الوطن

وها أنا أبكي بسبب هيامي بك، لا أدري سبب سقوطي في قبر حبك، أختنق في تابوتي، أهو بسبب لمعة عيناك التي تنير طريقي عندما أبصرها؟

أسافر في عيناك وأريد أن ارتوي بك؛ فقد حنذني الشوق و أنت هناك في تلك الأرض البعيدة عني، أتظن أنها أرضك وموطنك؟

ياويلي ألا تعلم أن لك موطنًا دافئًل عندي؟

ما الموطن غير أرضٍ تحتضنك، أنا هنا ينثلم قلبي بسبب شوقه لك، وذراعي مفتوحة تريد تدفئتك بنار شوقي؛ لأهمس لك بحنانٍ وبأبياتٍ من عشقي لك، فلتأتي لي، ولا تجل يداي ممدودةً دون لقاء يا عزيزي!

لـِ نجاة إسلام.

فقدان الشغف

أضع الكتاب أمامي لا أستطيع تحريك يداي لفتحه حتى، أشعر أن صفحاته تزن أطنانًا، العلة ليست بذراعي، ذراعي سليمة، لكن لِمَ لا أستطيع فتحه؟

حاله كحال أشقائه من الكتب، كحال تلك الفطيرة التي لم أكملها، ولوحتي التي تقع هناك في نهاية الغرفة، أسترجع أيامي السابقة و أنا أرسم لوحاتي ولا أتوقف، عندما أبدأ كتابًا وأنهيه، لكن الآن ما زلت أجلس مكاني منذ ساعاتٍ أمام كتابي ولوحتي و أنا أشعر كأنني بلا روحٍ أو طاقةٍ لتحركني.

لـِ نجاة إسلام.

كوكبٌ

أمتلك اكتفاءً بنفسي يغنيني عن أي شخصٍ في حياتي مهما كانت قرابته، لا أحزن لفراق أو ابتعاد أحدٍ عني، لكن جاءت تضرب بقوانين حياتي عرض الحائط، صنعت لي كوكبًا مليئًا بالحياة بعيدًا عن الجميع تمتلك روحي وابتسامتي، تشاركني كربي قبل سعادتي، تجعلني أعترف أنني لفراقها سأحزن وستحترق روحي، لذا أدعو دائمًا أن يديمها الله لي؛ لتنير حياتي.

لِـ نجاة إسلام.

أرواح

ها هي تلك الروح البريئة تحت أنقاض جدران غرفتها المبهجة، بعدما كانت تلعب، أصبحت الآن تحت الأنقاض في أرضها المغتصبة أهلها يبكون فوق أشلاء جسدها، لا يستطيعون إنقاذها وكيف، كيف والذئاب المتوحشة حولهم من كل جانب؟

أخبرها والدها أنها فداءً لقدسهم وأرضهم، وأنهم شهداءٌ بإذن الله، الأرض تُغتصب من الوحوش، والأطفال يصرخون تحت الأنقاض، أصحاب الحق والأرض يُحَاربون ويُقتَلون، وها نحن بلا حيلة.

لِـ نجاة إسلام.

وخزٌ

كلماتهم تجرحني كالشوك، تؤلمني وتجعلني أنزف، يرمونني بكلماتهم دون مبالاة وكأنهم يرمون الورد يوم زفافي، وما هو إلا شوكٌ يتمثل في إحباطٍ ويأسٍ وكأنني أُزف ليوم موتي، أمسك السكين وأضعه على يدي، ثم أرميه على الأرض و أنا أصرخ و أقع على الأرض في تردد، هكذا كل ليلةٍ، أريد بشدةٍ أن أختفي، أن أندثر لأتخلص من تلك الدوامة الو اقعة بها، والشتات الذي بي جرائها يجعلني لا أدري ماذا أفعل، أعافر أم أختفي؟

لـِ نجاة إسلام.

بؤساء

تماثل زهرةً بائسةً في وسط العراء، ها هي تتهاوى مع أخواتها الأقلاء في بَرم؛ ليساق لها شخصًا فيقطفها من ضجرها وعن حياتها لتذبل!

ذَبلت أكثر مما كانت، لكن لا بأس هي لم تشعر بحنينٍ لموطنها أو حياتها التعيسة بعد، إنه بؤسها وحزنها الجديد، تمقت نفسها المقهورة التي تحارب مثل جنديًا منزوعًا منه السلاح، وذراعيه مبتورةً في حربٍ خاسرةٍ مجزومةٍ من السعادة، أتاها ومعه كربٌ جديدٌ، زرعها به بعدما اقتلعها من غمها القديم، جعلها مثل الحمقاء تعتقد أنه اقتطفها بكل هدوءٍ؛ ليضعها برفقٍ في بحرٍ من السعادة، لكنه رماها بكل ما أوتي من عنفٍ، يالا خيباتها المتتالية، لقد حطم ما تبقى بها من أملٍ، ذراتٌ اندثرت واختفت، يالا البؤس، لم ولن تتوقع من صفحات قدرها أكثر من هذا، الحزن أصبح رفيقها واعتادته، الآن هي جسدًا خاليًا يضربه من الداخل أمواجٌ هائلةٌ خوفًا من وسواسٍ مرتقبٍ كأمواج ليلة فبراير الباردة تلك.

لِـ نجاة إسلام.

جُبنٌ

"وعدتُ من المعارك لستُ أدري علامَ أضعتُ عُمري في النّزالِ"، أرسلتها لي صديقتي تخبرني أن حبيبي السابق يضعها على حسابه الشخصي، تكرر لي كم هو متعبٌ من فراقي، لكن تلك الجملة بالأخص لفتت انتباهي لتجعلني أقهقه على رخصه وجبنه، ذلك الرجل المنافق؛ فهو كان معي و أنا النعيم على الأرض ويقول أنه أضاع عمره!

يالا حماقة الشبان، سأجاوبه لقد أضاع عمره في ثنايا قلبي، محاوطٌ بحبي وحناني، يعيش كالملك المحبوب من شعبه، وكنت أنا مملكته وكل شعبه!

أم لا يعرف أنه وحيدًا منبوذًا من دوني؟

لم يقدره شخصًا غيري، لم يعترف به حتى والديه، كان سيئًا بكل ما تحمله الكلمة من معنى، كنت راحته والوحيدة التي أعطيته الأمان، أعطيته المنزل ودفئه، لكنه استغل ذلك الدفيء؛ ليحوله لنارٍ تحرق أوتار علاقتنا، لينحرق هو الآخر، لكن لا يأتي ويخبرني أنه أضاع عمره برفقتي، هل له حياةً بدوني ليكون له عمرًا يضيع من الأساس؟!

لـ نجاة إسلام.

لا تهدر في الوقت

يا رفيق عليك أن تستغل كل لحظةٍ في عمرك؛ لأنها لن تعود أبدًا، عليك أن تختار الأشخاص اللذين تقدي معهم الاوقات؛ لأن كل لحظةٍ في حياتك مهمة فلا تضيعها فيما لا يفيدك، وعليك أن تختار الأشخاص الذين يريدون لك النجاح دائمًا، من هم مصدر طاقةٌ إيجابيةٌ إليك؛ كي تنجح في حياتك؛ فإن اخترت خطأ ستندم طيلة حياتك.

لـِ محمد صلاح

كُلَّ مرٍ سيمر

لا تدوم كل الصعوبات التي تواجهها في الحياة؛ فإنه سيأتي يومًا ما وتقول ذات يومٍ من الأيام كنت اظنها لن تمرولكن مرت بفضل الله وعونه، لا تفكر كثيرًا في ما يؤلمك، ابتعد تمامًا عن أي شيءٍ يرهقك فكريًا، ولكي تنجو منه بسهولةٍ خذ نفسًا عميقًا كُلَّ حينٍ وآخر؛ لتخرج الطاقة السلبية من عقلك وتفكيرك يا صديقي؛ فكلها أيامٌ قليلةٌ وتمر، تمهل يا صديقي.

لـِ محمد صلاح

لا تنخدع يا صديقي

لا تثق في أحدٍ لم يسبق لكم أن تتعاملوا من قبل؛ فإن وثقت في أحدٍ ستنخدع في نهاية الطريق، لذا اجعل المعاملات هي التي تظهر لك الأشخاص على حقيقتها، ولا تنحني إلى قلبك فتنخدع، تمهل قليلًا قبل اتخاذ القرار، ولا تنتظر تقييم أي أحدٍ لك؛ فأنت من تقيم نفسك.

لـِ محمد صلاح

الماضي لن يعود

أجل حينما تفكر في الماضي فأنت تضيع وقتك؛ لذلك عليك أن تلقي نظرةً إلى الأمام لكي تشعر بالأمل وبأن القادم هو الأفضل، عليك أن تنظر إلى أهدافك وطموحاتك كي تشعر بالقوة والحماس، عليك بالسعي والتوكل على الله ولا تنظر إلى الخلف ولو للحظةٍ واحدةٍ؛ كي لا تشعر بالإحباط واليأس.

لـِ محمد صلاح

لذة اللقاء الأول

ليتني أستطيع إيقاف اللحظة السعيدة؛ كي لا يمر الوقت بي مع من أحب، سوف أسجل هذه اللحظة التي لن تعود؛ فإنني شعرت في هذه اللحظة بسعادةٍ لن أستطع أن اوصفها؛ فإن الشعور الأول واللقاء الأول إذا تكرر لن يكون بنفس اللذة التي أشعر بها الآن؛ لذلك سأكتب كل ما فعلته في هذه اللحظة كي استعيد لذات اللقاء الأول، واستعيد بسمتي التي لم أرها الآن، وسأحتفظ بهذه الورقة في عقلي وقلبي؛ حتى أشعر بهذا الشعور كل لحظةٍ تمر بنا.

لِـ محمد صلاح

مشوار الألف ميل

لا تنظر إلى طول الطريق؛ فإن مشوار الألف ميل يبدأ بخطوةٍ جميلةٍ صغيرةٍ، ولكن كُلٌّ منا ينظر إلى بعد المسافة وطول الطريق؛ فالوصول إلى القمة يبدأ بالخطوة الاولى وما عليك فعله هو الخطوة الأول لكي تشعر بالإنجاز في النجاح، ومهما كان الإنجاز صغيرًا فإنه يزرع أملًا كبيرًا؛ فلذلك لا تستهين بقدر الانجاز حتى لا تشعر بالإحباط، وعليك أن تؤمن بقدراتك لكي تنجح في حياتك.

لـ محمد صلاح

****

لا تقف عند نقطة معينة؛ فإن النقطة هي بدايةٌ لسطرٍ جديدٍ؛ فاحسن الوقوف، ثم تقدم للأمام.

لـ محمد صلاح

أنا الذي حاربت من أجلِك

أجل يا حبيبتي أنا الذي سلكت طريق الحرب من أجل الوصول إليكِ ولا أحدٌ يستطيع أن يرجعني عن هدفي؛ فأنا الذي حطمت كل المواجهة الصعبة حتى أصل للكِ وتكوني لي خير رفيقٍ في هذه الحياة الصعبة، وما عليكِ فعله هو أن تحاربي معي في هذه الحياة؛ كي نكون معًا في بيتٍ واحدٍ، ونكون خير العون وخير الرفيق، سنواجه كل التحديات، ونتخطى كل الصعوبات، ونكون سويًا في طريقٍ واحدٍ وهو طريق القمة وطريق الحياة الزوجية السعيدة، و افتخر بكِ في كل مكانٍ أنكِ أنتِ خير الرفيق وخير الدرب، وستكونين أنتِ المكسب الأكبر في هذه الحياة.

لـ محمد صلاح

حينما تنتظر الوقت المناسب لتحقيق النجاحات؛ فأنت لا تحقق شيئًا طيلة حياتك؛

فكل لحظةٍ تعيشها هي الوقت المناسب لتحقيق الأهداف والنجاحات، هيا للنجاح الآن.

لِـ محمد صلاح

****

قف على حافة النجاح و انظر لمن لم ينجحوا، لمن راهنوا على فشلك، الذين أرادو أن تبقى مثلهم، لكن دون شماتة.

لِـ محمد صلاح

الرفيق الذي لا يخون

بحثت عن صديق يكون لي عونًا في كل وقتٍ وكل مكانٍ، ولم أجد سوى القرآن؛ فهو الصاحب والصديق وقت الحزن ووقت الضيق، أجل لا يعرف قدر القرآن إلا من كان حافظًا له؛ فالقرآن خير صاحب وخير أنيس؛ فهو لا يفرق قلب كل متدبرٍ له، بل يكون مسكنه داخل القلب ولا يخرج منه إلا بذنبٍ؛ فالقرآن لن يخون، وهو معك أينما تكون؛ لذلك عليك أن تحفظه وتدبره كي تسعد في حياتك.

لِـ محمد صلاح

ابحث جيدًا

لا تحزن إن لم تجد أي أحدٍ يكون لك عونًا في الطريق يعينك على مصاعب الحياة؛ لأنك لن تبحث عنه بجديةٍ تامة، أجل فهو موجودٌ ويبحث عنك أيضًا، ولكن أنت تفكر في الوحدة فقط ولا تفكر كيف تكتسب أصدقاءً آخرين وتكتفي بنفسك فقط، ولكن لابد أن يكون لك صديقًا يكون لك عونًا يعينك على مصاعب الحياة، وتميل عليه حين تيأس، ويكون لك دفعةً قويةً لكي تكمل الطريق، ويكون لك العون والسند، يكون لك الفرح حين تحزن ويأخذ بيدك من ظلمات الجهل إلى طريق التقدم والازدهار.

لِـ محمد صلاح

لا تُخدع

إذا رأيت أي شخصٍ فلا يغرك شكله ولا ملامحه ولا مظهره الخارجي؛ فكل المظاهر الخارجية تكاد تكون مخادعة أو كاذبة، فالأشخاص البُسطاء كنوز الدنيا والآخرة؛ فجمع فيهم الحب والصدق، ويحبون لأخيهم ما يحبونه لأنفسهم؛ فجميعهم فيهم الخير مع معظم ابتلاءات الحياة، فهم إذا مالت بهم الحياة يسارعون إلى الله، وإذا ضاقت بهم صبروا، فلا تحكم على الأشخاص أو الناس من أول لقاء، أو من اول معاملة؛ فمع مرور الوقت تظهر الأشخاص على طبيعتها الداخلية تلقائيًا، فتعرف حقيقة الشخص مع مرور الوقت، فلا تخدعك المظاهر الخارجية.

لِـ محمد صلاح

أنت أولًا

لا تنتظر الوقت المناسب لكي تبدأ في تغير نفسك، وأخرج نفسك من التهلكة وإهدار الوقت في انتظار الأشخاص الجيدة؛ لكي تخرجك من الظلام إلى النور، فأنت من تملك مفاتيح قلبك ونفسك، أنت وحدك تستطيع إخراج نفسك من الظلام إلى النور، أنت من تعرف نقاط ضعفك وقوتك؛ لذلك عليك البدء في تغيرنفسك، عليك تحديد أهدافك وطموحاتك والسعي إليها؛ كي تنجح في حياتك لأنك إن انتظرت طيلة حياتك لن يأتي الوقت المناسب ولا الأشخاص؛ فكل لحظةٍ تمر في حياتك هي الوقت المناسب لكِ تنجح في حياتك، لذلك ابدأ بنفسك.

لِـ محمد صلاح

لماذا تكرهوني!

أنا الذي سلكت كل الطرق وواجهت كل الصعوبات ولن أجد أحدٌ يكُن لي عونٌ في الطريق؛ فأنا الذي حاربت من أجل الوصول ومن أجل النجاح، أنا الذي تحملت كل ما لا أحدٌ يستطيع تحمله من أجل أهدافي وطموحاتي، فلماذا تنظر إليّ بنظراتِ الحقد و أنت لا تعرف ماذا حل بي في هذا الطريق، أنت لا تعرف قدر الصعوبة التي واجهتها بمفردي، أنت تنظر إلى قدر النجاح، ولا تنظر إلى قدر الصراعات التي قابلتها في المسار.

لِـ محمد صلاح.

أمي العزيزة

لا أستطع أن أكون كاتبًا ولا اكتب أن أمي هي الكنز الوحيد في هذه الحياة الشاقة؛ فأمي هي المرأة التي أرى فيها وجهي، وهي مصدر السعادة والتي حين انظر إلى وجهها البشوش يسعد قلبي ويملأ وجهي السرور، ولا أستطع أن أعيش بدونها أبدًا؛ فهي الروح والجسد، وهي منبع الحنان والطاقة الإيجابية؛ لذلك فعلت ما بوسعي كي أوفي حقها، ولا أستطع أبدًا مهما فعلت؛ لذلك أقول لكِ: دمتِ لي خير رفيق وخير حبٍّ يدوم إلى الأبد دون مقابل.

إني أحبكِ وإن كنتِ غير قادرةٍ على قراءة هذا النص.

لِـ محمد صلاح.

نجاحك متوقف على ثلاثة أشياء إذا تخلصت منهم من الممكن أن تتغير حياتك، أن تقول: لن أقدر، أو لا أعلم، أو أن هذا الوقت ليس مناسب، على الرغم من أنك لو آمنت سوف تتغير حياتك بأكملها.

لِـ محمد صلاح.

كل البدايات مشوقة وممتعة، ولكن في النهاية لا يظل معك إلا الصادق الوفي، أنت من تختار طريقك ورفيقك، الكل يظهر في البداية لامع كالنجوم، ولكن في نهاية الطريق ستنصدم من المفاجأة الكبرى حين لا ترى في الطريق إلا نفسك، لكن لن يبقَ معك إلا الصادق في الوعود، ولن يصاحبك إلا من يشبهك ويشبه أفكارك وميولك؛ لذلك فكر كثيرًا قبل اختيار الرفيق؛ حتى تنجح في المشوار دون توقف، أو عقبات، أو معرقلات؛ فالآن الرفيق الصالح الناجح في حياته الدينية والدنيوية سوف يحفزك على النجاح حتى وإن كنت لا تستطيع، وإن كان المسار للزواج أو للحياة الأسرية بشكلٍ عام؛ لذلك لا تتعجل في اختيار الرفيق، فالكل في البداية مظاهر خادعة، ولا الحكم على الأشخاص من بداية التجارب، بل من خلال معرفتك لهذا الشخص من المواقف، وبماذا يفكر، ستعرف حقيقة أمره هل هو الشخص المناسب أم لا؛ لأن التسرع في القرار سيدمر حياتك، فلا تخدعك مظاهر الناس.

لِـ محمد صلاح.

سوف تفعلها

أنت الرفيق وإن كنت بمفردك، وكل الصعوبات سوف تتخطاها بمفردك دون أي شخصٍ آخر، دون أي رفيقٍ وستقول: لقد فعلتها يومًا ما، كل الحزن والشعور بالوحدة، احساسك بصعوبة الطريق أمرًا مرهقًا للغاية، ولكنك ستتجاوزكل الصعوبات، وتبكي من شدة الفرح؛ فإن كل الأحلام أصبحت حقيقةً وو اقعًا لا خيال!

فما عليك فعله فقط هو أن تؤمن بقدراتك ومواهبك الشخصية التي لا يعرفها أحدٌ غيرك، أنت تستطيع، أجل تستطيع، ولكنك تنظر لمشقة الطريق وبُعد المسافة، قف اليوم أيها الشجاع البطل الذي بداخله كل التحديات و ابدأ بشيءٍ قليلٍ واستمر عليه دائمًا، ومع أول شعور بإنجازك الصغير، سوف تتحفز لإنجازاتٍ كثيرةٍ من المهام الشائقة التي كنت تقول لن أستطيع فعلها أبدًا، أنت تستطيع وإن كنت بمفردك.

لـ محمد صلاح.

الماضي لن يعود

لماذا نفكر في الماضي ونحزن على ما هو فات؛ فالماضي مجرد ذكرياتٌ مؤلمةٌ فقط لا غير، وكل الوقت الذي ضاع لن يعود أبدًا مهما كان، والتفكير فيما هو فات مجرد تضيع للوقت وإهدار في الصحة النفسية والعصبية، فلماذا نفكر في الماضي وهو لن يعود أبدًا، ولماذا نحزن على الوقت والأشياء التي ضاعت من العمر فجأة؟

أعلم أن كل ما هو فات مؤلم، والتفكير فيه شيءٌ متعبٌ، ولكن بلا جدوى ولا فادة، لذلك أنت عليك النظر إلى الأمام انهض من هذه اللحظة، اعمل دون توقف واجتهد؛ لكي تعوض ما هو فاتك من الأيام، وحاول إسعاد نفسك دون اللجوء إلى الأشخاص؛ فهم لا يملكون أي شيءٍ، ولا تعطي مفاتيح قلبك لأحدٍ حتى لا يتحكم فيها بكل سهولةٍ، ويلعب بعواطفك ومشاعرك ويحبطك نفسيًا، لا تفكر في الماضي وفكر في المستقبل و ابدأ بنفسك؛ لكي تحقق النجاح، وتعوض كل ما فات.

لـِ محمد صلاح.

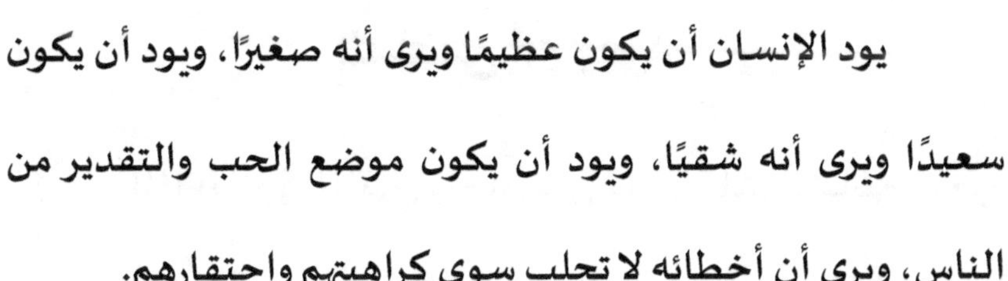

يود الإنسان أن يكون عظيمًا ويرى أنه صغيرًا، ويود أن يكون سعيدًا ويرى أنه شقيًا، ويود أن يكون موضع الحب والتقدير من الناس، ويرى أن أخطائه لا تجلب سوى كراهيتهم واحتقارهم.

إن الحرج الذي يقع فيه نتيجة هذا التناقض يولد لديه أسوأ المنازعات الاجرامية التي يمكن تخيلها، وذلك أنه يبدأ في كره الحقيقة التي تدينه وتريه عيبه.

لِـ منه محمد.

أصبح الكون يضيق على صدري؛ فتفتحت أبواب الله حينما استمعت إلى حزني؛ فعلمت أن ليس لي سواه يتدبر أمري.

لِـ منه محمد.

****

أنا الليل كلما ازداد ظلامه؛ رأيت النجوم أكثر إشراقًا، وكلما زاد الحزن كلما زاد الحنين؛ فأنا الليل وما يعلى علي إفاقه.

لِـ منه محمد.

كنت أتمنى العيش في وقتك؛ حتى أشبع عيني من رؤيتك يا رسول الله، يا حبيب الله وخاتم النبيين والمرسلين، يا من اقرأه جبريل العلق؛ فقلت ما أنا بقارئ، يا من قال له الله أنت حبيب الله والحبيب أقرب من الخليل، أنت النبي الكريم الذي اتبعته الأمه الإسلامية؛ فتعطرت قلوبنا بحبك، وتعطر لسانك بالصلاة عليك -صلَّ الله عليك وسلم تسليمًا كثيرًا-.

لِـ منه محمد.

****

تعامل معي على أنني طفلًا صغيرًا لا تنفعل ولا تصيح بي؛ فأنا سوف أسامحك عندما تزعجني، وسأحن إليك حينما تبتعد عني، فاجعلني طفلتك لا حبيستك.

لِـ منه محمد.

تزاحمت العقول وتكدست الأفكار؛ فتشابكت أحلامي وكونت أفكارًا جديدةً تليق بحياتي، حياةٌ بها الالتزام بأوامر الله والبعد عن نواهيه، حياةٌ بها التدين والتسالم، هذه حياتي، حياةٌ مليئةٌ بثقتي في الله عزوجل، فكم من مرةٍ وثقت به و اقبل علي بالخيرات.

لِـ منه محمد.

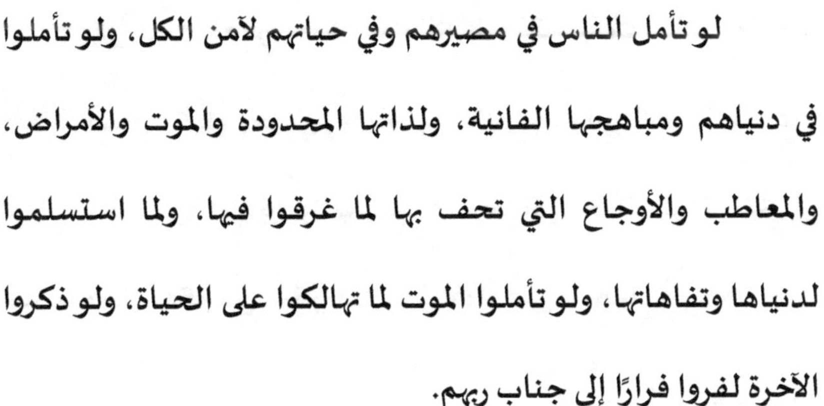

لو تأمل الناس في مصيرهم وفي حياتهم لآمن الكل، ولو تأملوا في دنياهم ومباهجها الفانية، ولذاتها المحدودة والموت والأمراض، والمعاطب والأوجاع التي تحف بها لما غرقوا فيها، ولما استسلموا لدنياها وتفاهاتها، ولو تأملوا الموت لما تهالكوا على الحياة، ولو ذكروا الآخرة لفروا فرارًا إلى جناب ربهم.

لِـ منه محمد.

****

الحزن: هو ذلك الموت البطيء، ذلك الألم الصامت الذي يغرس في جسم الإنسان، وهو يحاول أن يخفيه ويظهر علنًا على شكل اهتزازاتٍ في الجسم كالزلزال تعمل على زلزلة جميع مشاعر الألم.

لِـ منه محمد.

تلاشى الأمان وتلاشى الاستقرار، ولكن الحب باقي؛ فهو دليلٌ على وجود كل ذلك، أصبحت المشاعر هي المتحدث الأول والخير بعد القلب، انطفأت الأحاديث وأضاءتها المشاعر؛ لذا عِش كشاعرٍ لا ككاتب.

لِـ منه محمد

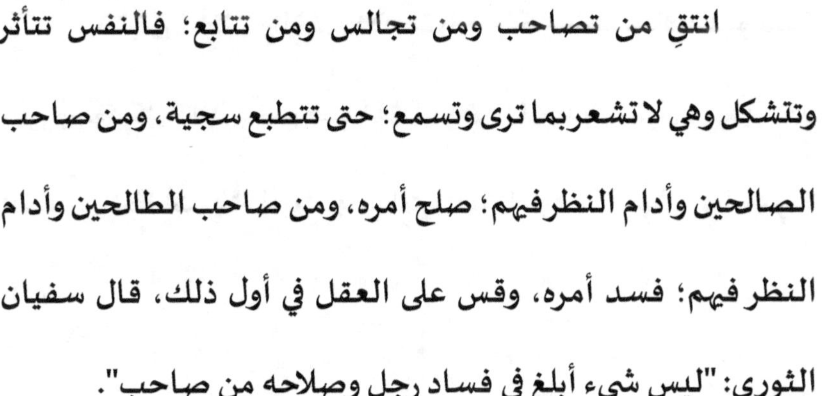

انتقِ من تصاحب ومن تجالس ومن تتابع؛ فالنفس تتأثر وتتشكل وهي لا تشعر بما ترى وتسمع؛ حتى تتطبع سجية، ومن صاحب الصالحين وأدام النظر فيهم؛ صلح أمره، ومن صاحب الطالحين وأدام النظر فيهم؛ فسد أمره، وقس على العقل في أول ذلك، قال سفيان الثوري: "ليس شيء أبلغ في فساد رجل وصلاحه مِن صاحبٍ".

لِـ منه محمد

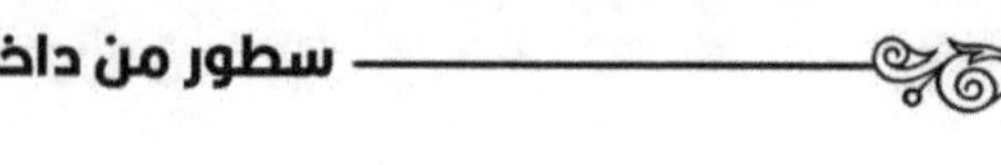

تعطرت القلوب بذكر حبيبها النبي الصادق، فصلي عليه وسلم؛ حتى يتعطر قلبك ويزداد إيمانًا.

لـِ منه محمد.

****

ربما الفرحة تنسيك الوجع والألم؛ فإن حياتك لن تتوقف على أي أحد، بل اجعلها تقف عليك فقط، وتوقف عن مقارنة نفسك بالآخرين؛ فأنت أقوى منهم، بالطبع أنت مميزٌ حتى ولو لم تكتشف ميزتك إلى الآن، ولكنك ستجدها في وقتها تظهر دون أدنى مجهود.

لـِ منه محمد

بحثت بداخلي؛ فرأيت حديثك معي، رأيت عيناك التي لطالما كانت مصدر قوتي وسعادتي، رأيت طيبة قلبك التي لم أعهد أحدًا بها من قبل، ما زلت أماني وملاذي وملجأي وكياني، ولازلت راحتي وجنتي، فدامك الله ودمت لي خير رفيق.

لِـ منه محمد

لا أعتبرها مزاجيةً تلك الحالة التي دعتني للتخلص من الحشود البشرية في حياتي، لا أدري هل هو زُهدٌ أو فرارٌ أو رغبةٌ في النجاة، لكنني بالنهاية لا أشعر بالأسف على أحد، وهذا لا يعني أنّي شخصٌ جامدٌ يكره الحياة ويؤمن بالوحدة، لكنني أعتبر أن هذا زمن المزاجية والتخلي السهل، وخيبة الأمل أصبحت شيئًا متداولًا هذه الأيام، حتى من قبل من تقاسمت معهم عمرك وأعددتهم زادًا لأيامك، فما جدوى اصطفاء أحد لا أؤمن بثباته؟

لِـ منه محمد

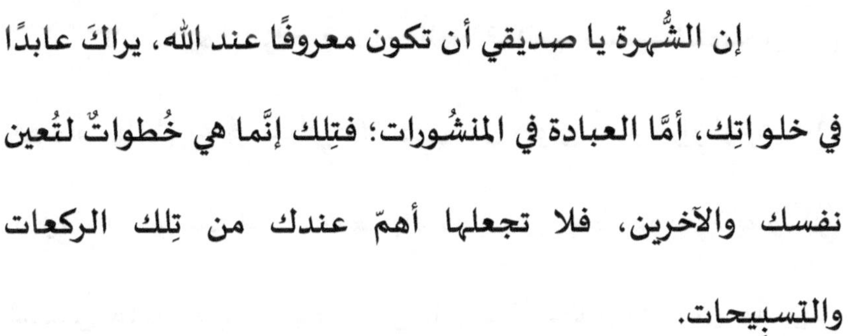

إن الشُّهرة يا صديقي أن تكون معروفًا عند الله، يراكَ عابدًا في خلواتِك، أمَّا العبادة في المنشُورات؛ فتِلك إنَّما هي خُطواتٌ لتُعين نفسك والآخرين، فلا تجعلها أهمّ عندك من تِلك الركعات والتسبِيحات.

وتلك الإعجابات؛ إنَّما هي فِتنة، فاحذَر أن يدفعَك الكِبر لتظُن أنَّه مِن عِندك، بل من عند الواحد القهار، قادر على استبدَالِك متى شاء، وتذكر قول الله تعالى: ﴿وما النَّصر إلَّا مِن عِند الله إنَّ الله عزيزٌ حكِيم﴾

لِـ منه محمد

هل تعلم أن معك من لا يغفل ولا ينام، ومعك من يعرف الاحتواء؟

هل تعلم أن معك من يستمع لصوتك، ومن يعرف ما تخفيه؟

هل تعلم أنه مهما طال حزنك سيأتيك الفرح.

لِـ منه محمد

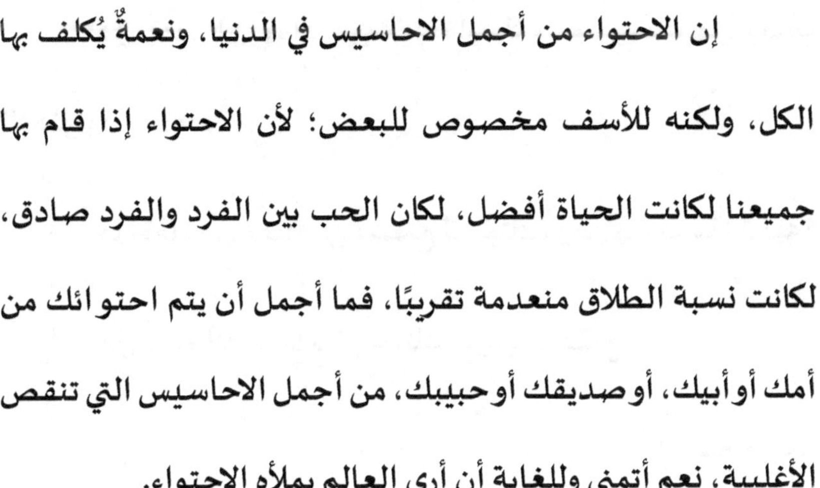

إن الاحتواء من أجمل الاحاسيس في الدنيا، ونعمةٌ يُكلف بها الكل، ولكنه للأسف مخصوص للبعض؛ لأن الاحتواء إذا قام بها جميعنا لكانت الحياة أفضل، لكان الحب بين الفرد والفرد صادق، لكانت نسبة الطلاق منعدمة تقريبًا، فما أجمل أن يتم احتوائك من أمك أوأبيك، أوصديقك أوحبيبك، من أجمل الاحاسيس التي تنقص الأغلبية، نعم أتمنى وللغاية أن أرى العالم يملأه الاحتواء.

لِـ منه محمد

ندمت على أنني أحببت أشخاصًا لم يستحقوا حبي لهم، فكيف لهذا القلب الصغير أن يتم جرحه؟

لم أعد أريد الاقتراب من أي شخصٍ، وتمنيت لو أنني أستطيع اقتلاع قلبي من مكانه و إبعاده عني؛ فهو سبب كل جرحٍ لي، ولكن من الآن فصاعدًا لن أسمح لأحدٍ أن يؤذيني مهما حدث، فتبًا للقلب الذي أذاني، وتبًا لحبٍّ كان السبب في كل متاعبي.

لِـ منه محمد

مخيفةٌ مقدرة البشر الهائلة على الايذاء، مخيفةٌ أكثر والله ما رأيت شيئًا يجلب الفتوح الربانية كمثل سلامة القلب وتمني الخير للآخرين، والدعاء لهم وكف الأذى عنهم، ولا بد أن تعلم يقينًا أن الكثير من الفتوحات الربانية لن يستطيع أن ينالها العبد بقوته واجتهاده، و إنما بصفاء النية وحسن الطوية.

لـِ منه محمد

فكيف لي التفكر والتفكير غير منظم، أدركت أن التنظيم أساس التعامل؛ فعندما تصبح أفكاري منظمةً سوف أستطيع فهم من أمامي، وعند المفاكرة ستكون بيننا لغةٌ ثالثةٌ وهي لغة العقل والتفكير لغة التفاهم السرية التي لا يعرفها سوانا، افهمك جيدًا و أفهم تصوير عقلك؛ فقد تلاحمت أفكارنا معًا يا صديقي، تسابق حتى تكون العقل المفكر، العقل المدرك، العقل الباطن الذي لا يفهمه شخصٌ سواك، تناثرت الافكار وتشابكت معًا؛ حتى أصبحت لغزًا صحب الحل، ولكنني تمكنت من حل هذا اللغز العجيب؛ فإن لغة الفكر هي اللغة الثالثة بين العقل والمفكر، فاحرص على أن تكون من الأشخاص الذين تعطرت لغاتهم بفهم لغة العقل؛ فأصبحت الآن لغةً متفردة.

لِـ منه محمد

اليأس: هو الظلام الذي يغطي السماء، بينما الأمل: هو النجمة اللامعة التي تهدينا الطريق.

لـِ منة الله محمد.

****

اليأس: هو الوحش الذي يخيفنا ويجعلنا نشك في قدرتنا على التغلب على التحديات، بينما الأمل: هو البطل الذي يقودنا للنجاح والتفوق.

لـِ منة الله محمد.

اليأس: هو العقبة التي تعترض طريقنا، بينما الأمل: هو الجسر الذي يساعدنا على تخطيها، والوصول إلى الغاية.

لِـ منة الله محمد

****

اليأس: هو الصوت الذي يهمس في أذننا بالفشل، بينما الأمل: هو الصوت الذي يهمس في أذننا بالتحدي والتغيير.

لِـ منة الله محمد.

اليأس: هو الغيمة السوداء التي تحجب الشمس، بينما الأمل يشبه الرياح القوية التي تمرر الغيوم، وتعيد لنا بريق النجوم.

لـِ منة الله محمد.

****

اليأس: هو الشتاء البارد الذي يجمد الروح، بينما الأمل: هو الربيع الدافئ الذي يعيد الحياة إلى الطبيعة.

لـِ منة الله محمد.

اليأس: هو الصوت الذي يقول لنا "لا تستطيع"، ولكن الأمل: هو الصوت الذي يقول لنا حاول مرةً أخرى وستنجح".

لِـ منة الله محمد.

****

اليأس: هو العاصفة العاتية التي تهبط علينا، ولكن الأمل: هو الراعي الذي يرشدنا إلى الأرض الآمنة.

لِـ منة الله محمد.

اليأس: هو القفص الذي يحبس العقل ويقيد الإبداع، بينما الأمل: هو الجناح الذي يسمح لنا بالطيران إلى أبعد الآفاق.

لِـ منة الله محمد.

****

اليأس: هو الصحراء القاحلة التي تفتقر للحياة، بينما الأمل يشبه الواحة الخضراء التي تمنحنا الراحة والتجدد.

لِـ منة الله محمد.

في عمق اليأس تتجمد الأحلام وتتلاشى الآمال، ولكن الأمل يأتي كشعاعٍ من الضوء؛ ليذيب الظلام.

لِـ منة الله محمد.

****

اليأس: هو الجروح العميقة التي تؤلمنا، ولكن الأمل: هو الدواء الذي يشفينا ويعيد لنا القوة.

لِـ منة الله محمد.

اليأس: هو الظلام الذي يغلفنا، ولكن الأمل: هو الشعلة التي تضيء طريقنا وتوجهنا نحو الأفضل.

لِـ منة الله محمد.

****

اليأس: هو الليل الطويل الذي يجعلنا نشعر بالضياع، ولكن الأمل: هو الفجر الجميل الذي يعيد لنا الأمل والتفاؤل.

لِـ منة الله محمد.

اليأس: هو العقبة التي تبدو غير قابلة للتجاوز، ولكن الأمل: هو العزيمة التي تساعدنا على تخطيها والوصول إلى النجاح.

لِـ منة الله محمد.

****

اليأس: هو الشك الذي يعترض طريقنا، ولكن الأمل: هو الثقة التي تدفعنا للمضي قدمًا وتحقيق أحلامنا.

لِـ منة الله محمد.

اليأس: هو اللغة السلبية التي تحجب عنا الفرص، بينما الأمل: هو اللغة الإيجابية التي تفتح أمامنا أبوابًا جديدة.

لِـ منة الله محمد.

****

عندما يغلفنا اليأس يبدو أن الحياة قد فقدت معناها، ولكن الأمل يعيد لنا الحياة ويمنحنا القوة للمضي قدمًا.

لِـ منة الله محمد.

اليأس: هو الوحدة التي تعزلنا عن الآخرين، بينما الأمل: هو الروابط التي تجمعنا وتجعلنا نشعر بالانتماء.

لِـ منة الله محمد.

****

اليأس: هو الشبح الذي يطاردنا، ولكن الأمل: هو الدرع الذي يحمينا ويمنحنا الشجاعة لمواجهته.

هذه الخواطر تجسد صراع اليأس والأمل والامتنان في حياتنا، حيث يمكن لليأس أن يغلبنا ويجعلنا نفقد الأمل، ولكن الأمل يُعد القوة التي تساعدنا على التغلب على الصعاب وتحقيق أحلامنا.

لِـ منة الله محمد.

اليأس: هو الظل الذي يعترض طريقنا، بينما الأمل: هو الشمس التي تنير الدروب، وتدفعنا إلى النجاح.

لِـ منة الله محمد.

****

الامتنان: هو المفتاح الذي يفتح أبواب السعادة والرضا في حياتنا؛ فعندما نكون ممتنين للأشياء الصغيرة والكبيرة في حياتنا نجد السلام والسعادة الحقيقية.

لِـ منة الله محمد.

اليأس: هو الصخرة الكبيرة التي تعترض طريقنا، ولكن الأمل: هو العصا التي تساعدنا على تسلقها وتجاوزها.

لِـ منة الله محمد.

****

اليأس: هو السجن الذي يحبسنا، بينما الأمل: هو المفتاح الذي يفتح أبواب الحرية والتحرر.

لِـ منة الله محمد.

****

اليأس: هو العاصفة التي تعصف بالروح، بينما الأمل: هو المرساة التي تحمينا وتوجهنا نحو الشاطئ الآمن.

لِـ منة الله محمد.

الأمل يُغذي الروح

الأمل هو القوة التي تدفعنا للتحلي بالإيجابية والاستمرار في الحياة رغم التحديات؛ فعندما نحافظ على الأمل نجد القوة للوقوف أمام الصعاب والسعي نحو أحلامنا؛ فهو يضيء طريقنا ويمنحنا القوة للمضي قدمًا.

لِـ منة الله محمد.

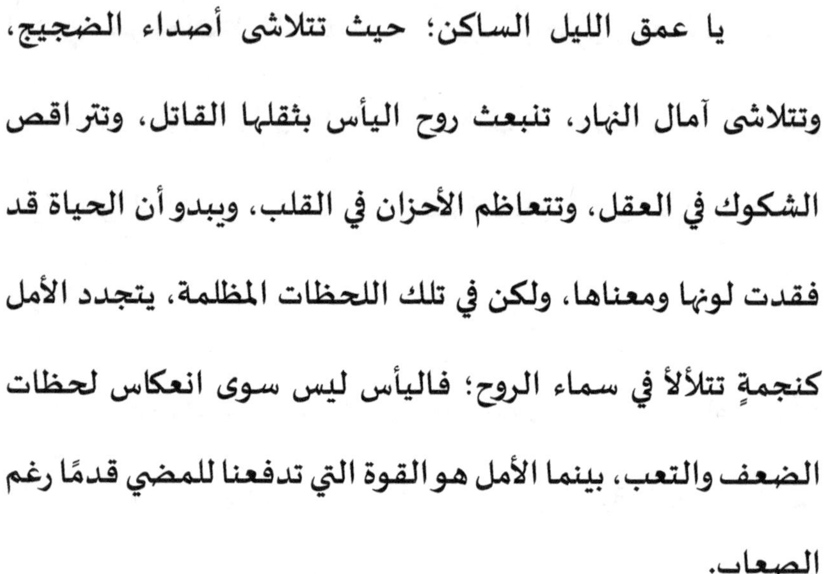

يا عمق الليل الساكن؛ حيث تتلاشى أصداء الضجيج، وتتلاشى آمال النهار، تنبعث روح اليأس بثقلها القاتل، وتتراقص الشكوك في العقل، وتتعاظم الأحزان في القلب، ويبدو أن الحياة قد فقدت لونها ومعناها، ولكن في تلك اللحظات المظلمة، يتجدد الأمل كنجمةٍ تتلألأ في سماء الروح؛ فاليأس ليس سوى انعكاس لحظات الضعف والتعب، بينما الأمل هو القوة التي تدفعنا للمضي قدمًا رغم الصعاب.

في ظلمة اليأس تتجلى قوة الإرادة والتصميم؛ فعندما يبدو كل شيءٍ مستحيلًا، والطريق مسدودًا؛ ينهض الإنسان بقوةٍ؛ ليكسر القيود ويحقق المستحيل، فإنها قصة النجاح التي تولد من رحم اليأس؛ حيث يتحول الألم إلى دافع للتغيير والتحسن.

ومع كل شروق فجرٍ جديدٍ يتجدد الأمل في قلوبنا؛ فالحياة لا تزال تحمل في طياتها الكثير من الفرص والمفاجآت، قد يكون الطريق طويلًا ووعرًا، ولكن الأمل يعطينا القوة للمضي قدمًا والاستمرار في

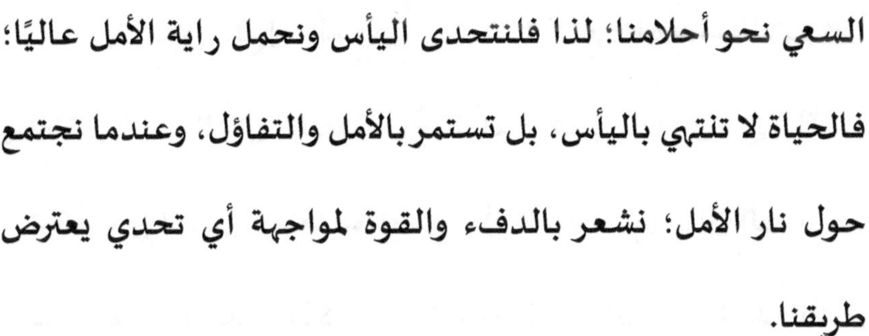

السعي نحو أحلامنا؛ لذا فلنتحدى اليأس ونحمل راية الأمل عاليًا؛ فالحياة لا تنتهي باليأس، بل تستمر بالأمل والتفاؤل، وعندما نجتمع حول نار الأمل؛ نشعر بالدفء والقوة لمواجهة أي تحدي يعترض طريقنا.

فلنبنِي قصور أحلامنا على أسس الأمل، ولنعيش حياةً مشوقةً مليئةً بالتحديات والانتصارات؛ فاليأس ليس نهاية القصة، بل هو بدايةً لفصلٍ جديدٍ من النمو والتطور؛ لذا فلنحافظ على الأمل في قلوبنا، ولنعمل بجدٍ لتحقيق أحلامنا، فقط بالإصرار والتفاؤل يمكننا تحويل اليأس إلى أمل حقيقي ومشوق.

لِـ منة الله محمد.

الشكر يُفتح أبواب السعادة

عندما نمارس الامتنان ونقدر ما لدينا، نكتشف السعادة في اللحظات البسيطة، والأمل يُغذي الروح، ويمنحنا القوة للتحلي بالإيجابية والاستمرار في الحياة رغم التحديات؛ فإنه يضيء طريقنا ويمنحنا القوة للمضي قدمًا.

لِـ منة الله محمد.

الحب يُضيء الحياة

الحب: هو قوة عظيمة تملأ قلوبنا بالسعادة والدفء؛ فعندما نُحِب ونُحَب نشعر بالتواصل العميق والانسجام مع الآخرين؛ فإن القدرة على الحب وتلقيه تجعل الحياة أكثر إشراقًا ومعنى.

لِـ منة الله محمد.

نصيحةٌ لك

عِش في الحياة بشخصيتك الحقيقة ولا تكن زائف، افعل ما تشعر به ولا تجعل الحياة تجبرك على فعل أشياءً لست راضيًا عنها؛ فتحزن بعدها وتقول يا ليتني ما فعلت.

لِـ أسماء عبد الناصر محمد.

بشرى لك

رغم المحن والصعاب التي تدور في حياتي إلا أن هناك نورٌ من بعيدٍ يشعرني براحةٍ ويحدثني، ويقول لي أن القادم أجمل بإذن الله أبشر، وتذكرت حينها قول الله تعالى: ﴿وَبَشِّرِ الصَّابِرِينَ﴾.

لـ أسماء عبد الناصر محمد.

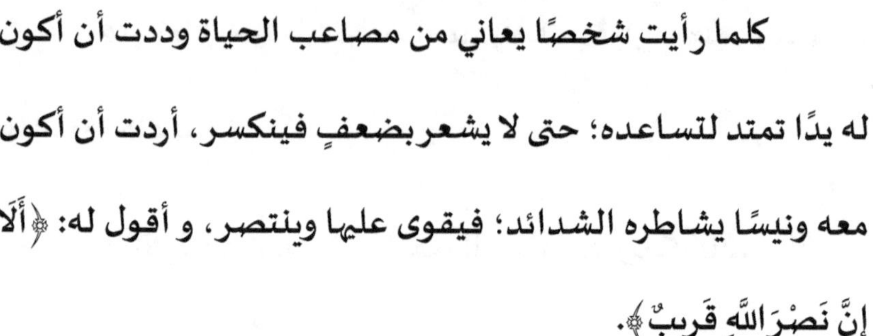

كلما رأيت شخصًا يعاني من مصاعب الحياة وددت أن أكون له يدًا تمتد لتساعده؛ حتى لا يشعر بضعفٍ فينكسر، أردت أن أكون معه ونيسًا يشاطره الشدائد؛ فيقوى عليها وينتصر، و أقول له: ﴿أَلَا إِنَّ نَصْرَ اللَّهِ قَرِيبٌ﴾.

لـِ أسماء عبد الناصر محمد.

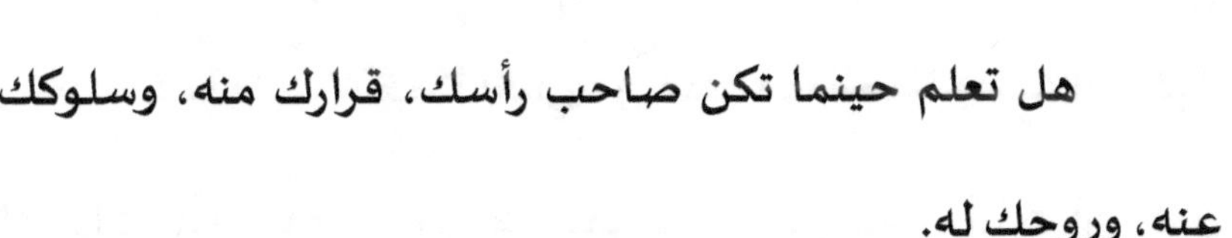

هل تعلم حينما تكن صاحب رأسك، قرارك منه، وسلوكك عنه، وروحك له.

في الأولى: لا تجعل أحدًا يقرر لك مصيرك ويفكر لك.

الثانية: لا تفعل شيئا لم تكن تقتنع به ستندم بعدها.

الثالثة: لا تعلق روحك إلا بالجميل وقاتل لأجله؛ حينها تنعم بالحياة وتسعد بها لأنك ستكون أنت من يخطط طريقك لا غيرك، وستعيش حياتك المثالية.

لـِ أسماء عبد الناصر محمد.

همسة اليوم

تمسك بمن يشعرون بك ويرأفون بحالك، وييسيرون لك مصاعب الحياة، فهؤلاء جنود الله في أرضه قد بعثهم الله لك ليطمئنوك؛ فإن الله معك دائمًا، وتذكر قول الله تعالى: ﴿كَلَّا إِنَّ مَعِيَ رَبِّي سَيَهْدِينِ﴾.

لـ أسماء عبد الناصر محمد.

بشرى من الله لك

ستزول علامات الحزن من على وجهك حينما تبشر بالقبول، حقيقةٌ حتمًا ستدركها عطايا الله لك سترضيك، اقرأها معي ورددها دائمًا: ﴿وَلَسَوْفَ يُعْطِيكَ رَبُّكَ فَتَرْضَى﴾ فانتظر البشرى؛ فوالله ما كان بعد الحزن إلا الفرح، وما بعد الشقاء إلا الراحة، وما بعد الفزع إلا الأمان والاطمئنان، وما بعد البكاء إلا الضحك.

لِـ أسماء عبد الناصر محمد.

ابدأ بنفسك أولًا

ما أجمل لطف الله حينما يعطيك رسالةً على هيئة آية؛ لينير بصيرتك عن غفلة الحياة، وتغير مسعى حياتك لطريقٍ جديدٍ يحييك حياةً حقيقيةً، حياةٌ تحبها وتسعد بها، رسالةٌ تلامس قلبك وتطمئنك أنه معك، قوله سبحانه: ﴿إِنَّ اللَّهَ لَا يُغَيِّرُ مَا بِقَوْمٍ حَتَّىٰ يُغَيِّرُوا مَا بِأَنفُسِهِمْ﴾؛ فتغير اتجاهاتك ونظراتك البائسة للحياة إلى حياةٍ مستقرةٍ نفسية، وراحةٌ عقليةٌ وجسدية؛ ستنعم باستقرارٍ نفسيٍّ دائمًا، ومهما عصفت بك الحياة لا تبالي؛ فأنت هادئ تمامًا عن كل هذه الصراعات.

لِـ أسماء عبد الناصر محمد.

نصيحةٌ لك، فانتبه جيدًا

اعلم أن ابتسامتك في وجه أخيك صدقة، فابتسامةٌ في زحام متاعب الحياة تنسيك الأوجاع، و ابتسامةٌ لوجه مريض تعيد له الأمل بعد الألم، و ابتسامةٌ لطفلٍ يتيمٍ تحنو على قلبه وتحتويه، و ابتسامةٌ لحيرانٍ وتائهٍ تعيده إلى دنياه، فكن بلسمًا للوجوه، يراك الجميع دليلًا للنجاة.

لـِ أسماء عبد الناصر محمد.

رسالةٌ لكِ، أنتِ أنثى قوية

أيتها الأنثى القوية التي تعافر من أجل كسب المال الحلال، لا تملِّ ولا تكلِّ أبدًا؛ فأنتِ في زماننا هذا نموذجًا نفخر به عن غيرك، من يسلكون طريقًا غير مشروعٍ لكسب المال، فثابري وتذكري قول الغلام لأمه: "يَا أُمَّاهْ اصبِرِي فَإِنَّكِ عَلَى الحَقِّ".

لـ أسماء عبد الناصر محمد.

رسالةٌ من الله لك

عندما تشعر بالخوف دع يدك على قلبك بيقينٍ وثقةٍ أن الله مأمنك، وردد قول الله تعالى: ﴿الَّذِي أَطْعَمَهُمْ مِنْ جُوعٍ وَآمَنَهُمْ مِنْ خَوْفٍ﴾ حينها يهدأ قلبك، وتسكن روحك.

لـ أسماء عبد الناصر محمد.

الفهرس

AF582383